U0019676

童心園

童心園

漫畫圖解

快問快答　災害求生指南

水災來了怎麼辦？

水災 2

監修 ▶ 木原實

繪者 ▶ 大野直人

譯者 ▶ 林謹瓊

近年來，日本發生了許多自然災害，像是地震、海嘯、颱風及洪水造成的水災等等。也許正在閱讀這本書的讀者當中，有些人可能實際遭遇過上述提到的災害，並且留下了令人恐懼的回憶。即便從來沒有經歷過這些災害，光是看著電視新聞裡的影像，也會不由自主地想著：「如果是發生在自己居住的地區該怎麼辦……」而感到不安。

如果現在真的遇到恐怖的天災，大家該做些什麼？能夠快速判斷應該採取哪些行動嗎？尤其是身邊沒有家人或老師時，想必會變得十分慌張。

本書主角是當自己獨自在家的時候發生了地震，以這個事件為起點，延伸出一連串問題，比方說該到哪裡避難、該做些什麼行動才好。請各位讀者跟主角一起回答這些提問，思考在地震發生時該採取哪些行動吧！

閱讀這本書時，透過在腦中模擬實際災害的情形，當真正發生災害的時候就可以冷靜做出判斷。在無法預測的災害發生時，若這本書能夠幫助各位在當下採取更安全的行動，作者將會感到無比欣慰。

氣象預報士暨防災士　木原實

水災發生時，這些情況該怎麼辦？以情境舉例來提問。

以星級標示問題的難度，共有一至三顆星，三顆星為最難。

以圖像輔佐說明問題的解答。

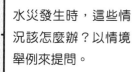

列出 A、B 選項，想想看該採取哪個行動，並做出你的選擇！

詳細說明正確答案。

補充解釋與問題相關的細節。

小玲

本書主角。是個活潑開朗的女孩，弟弟上個月才剛剛出生。

浩太與朱莉

小玲的同學，與小玲都住在同一個地區。

求生專家

對於防災知識非常了解的顧問。

目錄

獨自在家時，突然下起暴風雨！

爸爸現在要回家囉，大概傍晚會到家。

小玲，在我到家之前妳可以一個人看家嗎？

爸爸

沒問題啦！我已經不是小孩了！

哈哈哈！

那就好，我再打電話給妳。

好的，媽媽再見！

嗯……一個人好無聊呀！

滾來滾去

爸爸怎麼不快點回來呀？

嗶嗶！

咦？

是爸爸傳來的簡訊。

簡訊

爸爸

小玲，爸爸現在在高速公路的休息區，雨太大了，我根本看不見前面的路……

等雨小一點我再開車，會晚一點到家。

真糟糕呀……

哎呀——……

這樣啊……

回爸爸……不要勉強開車，請平安回來。

傳送

嗶

滴答

※嘩啦啦——

糟了！要趕快收衣服！

衝!!

哇哇哇！開始下雨了！

急急忙忙

風雨越來越強了！首先該做什麼呢？

難度 ★★★

咯噠咯噠咯噠！

A	B
鎖窗戶、拉窗簾	打開電視看新聞，收集颱風資訊。

鎖窗戶，關窗簾

窗戶玻璃的碎片飛散會很危險！

當外頭颳起強風，請養成鎖窗戶、關窗簾的習慣。因為這樣做，就能夠避免強風把窗戶吹開、被大風捲起的物品打破玻璃導致碎片飛散在房間裡。如果再關上防風蓋或防風門，就會更加安全。

等這些事情做完，再開電視或上網看新聞吧！

求生知識　　在風雨開始前要做的準備

一定要看氣象預報！

在知道將會有颱風之類的颳強風天氣後，有幾個「事前準備」可以先做好。

首先把陽台及住家周邊一些可能會被風吹跑的東西，全部收到家裡，盆栽和腳踏車也有可能被吹走，建議都收進屋子比較好。

陽台的排水管容易因葉片或垃圾堆積而導致淤塞，平時就要清掃乾淨，如果排水管淤塞，導致雨水排不出去，陽台就會積水，這樣可能會讓水淹到住家裡面。

自來水有可能會停水，所以預先儲水備用也是很重要的，可以善用浴缸、水桶等容器來儲水。

大豪雨特報！
家人還沒回家，該怎麼辦？

難度 ★★★

大豪雨特報！

〇〇市 ▲▲▲▲

A 先去避難

B 等家人回來

配合政府疏散避難

如果居住地區發布了大豪雨特報，請先做好防災準備，非必要不要外出，若新聞或政府有發布土石流「紅色警戒」的情況，應配合撤離、前去避難。

若因家人還沒回家，也不要在家等待，以免雨水淹沒道路而受困。獨自一人時，可留下留言給家人，並找鄰居一同避難。

有豪大雨時候請密切關注氣象資訊！

詳細解說！

警報
等級3

警報
等級4

什麼是「雨量分級」？

雨量分級能讓大家了解所在地方發生不同等級雨量時，可能出現的天氣現象及災情，能提高大家對災害的警覺性，當豪雨特報來臨時，從平地區域就要注意積水或淹水的狀況。

日本將災害分為5個警報等級，若第3級警報，建議長者及兒童前往避難，第4級則建議所有人都去避難，而當達到第5級時，代表已經是無法避難的極度危險狀況。

該穿哪種鞋子前往避難所？

難度 ★★★

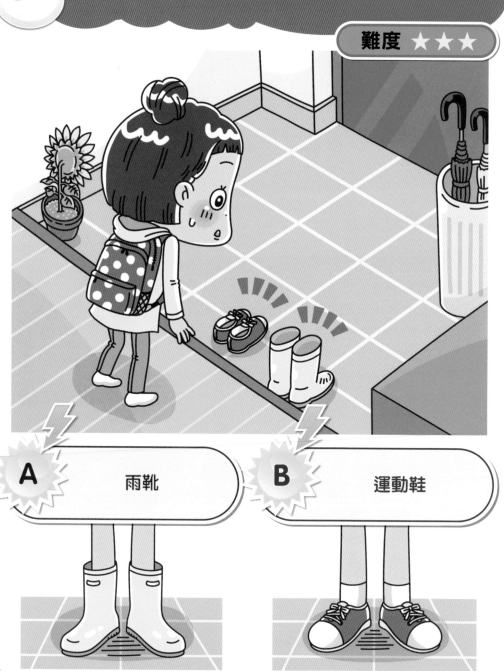

A 雨靴

B 運動鞋

解 答
B

運動鞋

雨靴很難走路，又很容易脫落！

　　大家都不希望腳被浸濕，但因此選擇穿上雨靴去避難，其實非常危險喔！如果水進到靴子裡，靴子會變得很重，走路會變得很困難，而且雨靴的靴筒比較寬，很容易脫落，可能會因此被水沖走。

　　穿上運動鞋，就算鞋子進水也不妨礙走路，不容易從腳上脫落。雖然腳會被水浸濕，但在避難的時候以方便走路為第一優先，所以請穿上運動鞋吧！

涼鞋太容易脫落了，
千萬不能穿！

詳細解說！

把鞋帶繫得比平時更緊！

　　當你在下著大雨的時候避難，無法避免地一定得跨越積水的地方。如果你穿的是有鞋帶的鞋子，鞋帶可能會被水中的漂流物勾到，或是鞋帶因為泡水的緣故而變得容易鬆開。

　　所以在避難之前，請確實將鞋帶繫緊！

水淹到什麼高度，
就不該出門避難？

難度 ★★★

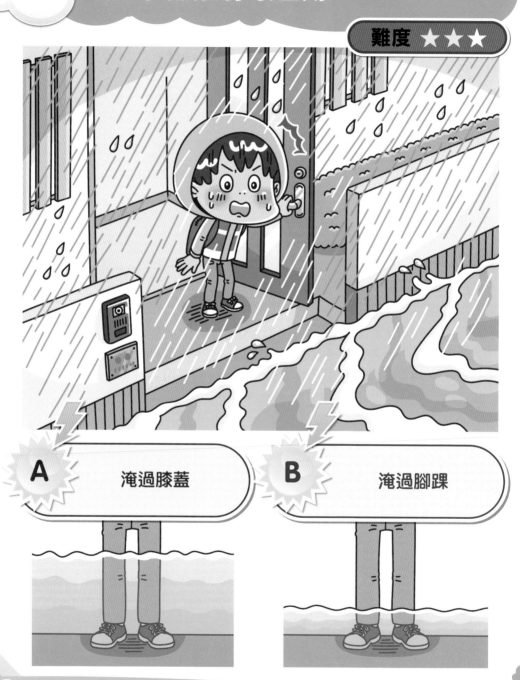

A 淹過膝蓋

B 淹過腳踝

在水中行走很困難！

當淹水的高度超過膝蓋，請不要出門避難，待在住家二樓之類的高處會比較好。請想像你走在深度較淺的泳池裡，水裡的壓力很重，根本寸步難行，如果在水中累到走不動，可能會困在水中無法動彈。若淹水太深，看不見地面，也會導致意外受傷。

但沒有收到政府發布的避難通知時，也盡量不要輕易外出。

在淹水變深之前就馬上出門避難！

詳細解說！

逃不出去的時候，請採取「垂直避難」

如果你發現水已經淹到超過膝蓋的深度，請盡快逃到住家二樓或是附近較高的建築物，這稱為「垂直避難」。不過，這是最後的方法，當你知道即將會有大雨，請在道路被水淹沒之前就先去避難。

無法前往避難所，在家應該先採取什麼措施？

難度 ★★★

A 把儲備糧食與水搬到高樓

B 用重物擋住玄關大門

解答
A

把儲備糧食與水搬到高樓

在救援人員來之前，必須要有儲備糧食！

持續下雨，一樓會被水淹沒，可能會讓你出不了門。請將生存所需要的食物及水盡量搬到二樓存放。

如果大雨造成了嚴重水災，等到大水退去且政府展開救援行動，可能都要等上幾天，為了長期應戰，至少要準備一週份的儲備糧食與飲用水會比較安心。

即使在大門前面放重物，也沒辦法抵擋大水淹到家裡來喔！

帶著貴重物品及防寒衣物往上逃吧！

詳細解說！

如果淹水高度達到 3 公尺以上，待在二樓也很危險！

如果住家附近的河川倒灌，淹水的水位可能會達到 3 公尺以上，從地面到二樓的地點大約就是 3 公尺，如果淹到這個高度的話，待在二樓避難也相當危險，居住在河川附近的民眾，請先確認該地區的災害風險地圖，了解住家大概會淹到什麼高度。

要留言給家人，該怎麼寫？

難度 ★★★

A 寫在圖畫紙上

B 寫在封箱膠帶上

解答
B

寫在封箱膠帶上

膠帶可以防水！

當你決定獨自先去避難，請寫些留言給家人，考量到家人可能進不去家裡頭，建議將留言貼在大門的外側顯眼處。

如果留言寫在圖畫紙之類的紙上，容易會被風吹走或毀損，此時最有用的就是封箱膠帶了。把膠帶貼在大門上，用油性筆在上頭寫字，就能成功留下訊息了。

記得把門鎖好再去避難喔！

詳細解說！

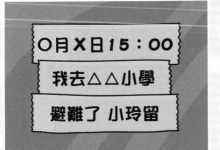

○月Ｘ日15：00

我去△△小學

避難了 小玲留

留言該怎麼寫？

在大門上留言，是為了告訴那些回到家的家人你去了哪裡，所以，請在膠帶上寫出你的名字、避難場所、避難時間。只要把所在位置告訴家人，之後一定可以順利會合的。

終點

災害來臨之前，事先調查哪裡可能潛藏著危險！

了解大雨會造成哪些危險！

　　Ａ、Ｂ、Ｃ、Ｅ這四條路線都潛藏著危險，Ａ路線旁邊就是河川，可能因為水位高漲而倒灌上岸；Ｂ路線要穿過位於下坡下方的隧道，大雨會導致大量的水淹入隧道當中；Ｃ路線在接近終點的小路正中央有一個人孔蓋，可能會被大雨沖開，所以避開這條路，走另一條路。Ｅ路線太靠近山，會有土石流的危險性。

詳細解說！

人孔蓋可能會被沖飛

　　在大雨期間，人孔蓋會因為「氣衝」而突然往上噴飛出去。

　　因為下水道充滿了水與空氣，於是人孔蓋被強大氣壓往上擠壓所導致，人孔蓋氣衝時，會噴出大量的水，非常危險。因此，下大雨的時候，請留意且不要靠近人孔蓋。

氣象新聞裡說的警戒是什麼意思？

　　你有沒有在氣象報導中聽過「特報」及「警報」這兩個詞呢？這是用來表示災害危險程度的用語，在新聞的氣象預報裡經常會使用到。每種災害警報皆有「燈號」來表示危險程度，除了平時為綠色燈號，警戒時，一共有三種燈號等級，以下就來看看其中的差異與種類吧！

風雨來臨前，一定要關注氣象預報！

各類災害警戒顏色燈號

危險度 小 → 大

黃色　危險程度較低，但不可輕忽，需要隨時注意相關單位的通知與警戒程度是否有升級或降級。

橙色　橙色燈號表示需要加強注意，相關單位會針對此區域進行指導與勸告，居民需要有隨時撤離的準備。

紅色　若是警戒程度已達到紅燈標示，表示情況已達高度危險，政府將會禁止、封閉此區域，並進行強制撤離。

各種類型的警戒、警報

大雨
大雨特報
豪雨特報
大豪雨特報
超大豪雨特報

颱風
熱帶性低氣壓特報
海上颱風警報
海上陸上颱風警報

海嘯
海嘯警訊報
海嘯警報

當豪雨來襲時，土石流也要注意，當達到「黃色警戒」或「紅色警戒」，請配合政府疏散。

避難途中颳著強風，道路又被水淹沒，該怎麼走？

難度 ★★★

A 拿雨傘當拐杖支撐

B 撐傘並彎低身體往前走

被水淹沒的道路充滿危險！

　　當道路被水淹沒，路上的人孔蓋會被沖開，地面上還會有碎裂的玻璃，走在上面相當危險。

　　這種時候，你可以拿雨傘當拐杖，一邊走一邊用傘敲擊前方地面，如果傘的前端碰到坑洞或阻礙，就可以事先閃避。

　　如果沒有傘，也能用長且堅固的棍棒來代替。

為了避免踩到路邊水溝，請走在道路正中央喔！

如果選擇
B

颳強風的時候請把傘收起來！

　　如果颳起強風，這時候最好不要撐傘！

　　如果迎著風撐傘，強大的風力會把你整個人往上拉，比想像中還更難前進。當你要去避難時的，請不要撐傘，穿上雨衣抵擋風雨吧！

　　如果有安全帽，建議也戴上，可以保護頭部不被大風捲起的物品砸傷。

鞋子進水了，好難走路，該怎麼辦呢？

難度 ★★★

A 脫下鞋子，赤腳走路。

B 忍耐一下，繼續穿。

解答
B

忍耐一下，繼續穿。

赤腳走在路上非常危險！

走在水中，鞋子和腳都會被水浸濕，感覺很不舒服，即便如此，也千萬不能脫鞋子！

如前面所說明的，被水淹沒的道路充滿危險，若地面上有碎裂的玻璃，赤腳走路就會受傷。而且，水中有許多細菌，如果傷口被細菌感染，會造成更嚴重的疾病，所以就算再怎麼難受，也請忍耐一下，穿著鞋子走路。

建議避開較深的積水喔！

詳細解說！

淹水太深的話，沒辦法開車逃難

或許有人會想：「開車就能不弄濕自己，並且迅速逃離了。」但是，淹水高度超過30公分，就可能會導致車子引擎停止運轉。

若大家都開車去避難，也會造成救護車與消防車的阻礙！如果沒有特殊的原因，避難時請不要開車。

雨大到讓人難以呼吸，這種大雨的累積雨量是多少？

難度 ★★★

A 一小時累積雨量30公釐

B 一小時累積雨量100公釐

累積雨量100公釐是「傾盆大雨」的三倍那麼多

氣象預報當中經常會聽到「累積雨量○公釐」，意思是在特定時間內的降雨「深度」，稱為「降雨量」。一小時累積降雨量100公釐，就代表「一小時之內降下了能累積10公分深度積水的雨」。

偶爾降下的「傾盆大雨」，累積雨量大約是20～30公釐，而累積雨量達到100公釐，等於是下了三倍以上的雨量，相比之下真的很驚人呢！

關於累積雨量，可以參考35頁的解說喔！

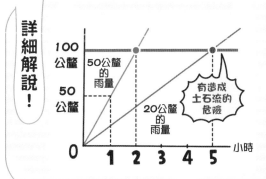

詳細解說！

小心豪雨帶來的土石流，要隨時提高警覺！

根據台灣土石流「警戒標準值」的計算，為24小時累積雨量，不同地方、地形的警戒值也各不同，通常在250公釐～500公釐之間。

例如日本在降雨後的總雨量達到100公釐以上，就會請民眾小心土石流發生。

自動販賣機前面、瓦片屋頂下方和招牌下方都很危險！

平時就要留心哪裡潛藏著危險！

要小心會傾倒、會被風吹飛的東西！

　　當你走在颳著強風的街上，最重要的原則就是不要靠近「可能會傾倒的東西」。平時毫不起眼的自動販賣機，也可能在風雨之中被吹倒，老舊的磚牆及電線桿也要留意，不要隨意靠近。

　　另外，也不能忽視「會掉落的東西」與「會被風吹飛的東西」，像是瓦片屋頂及商店招牌都很容易被風吹落，走路的時候請謹慎觀察四周。

詳細解說！

留意陽台放置的物品

　　強風會捲起重物，如果砸到人肯定會受傷。如果自家的物品因強風而砸傷路人，那就糟了！風雨來臨前，請將陽台放置的物品移入室內，或是以繩子固定物品的位置，特別是住在高樓層的民眾，更要留意這一點！

累積雨量代表的降雨強度

前面說明了一小時累積雨量100公釐與30公釐的定義，不過，不同累積雨量代表著什麼強度的雨呢？下表解釋了多少公釐代表了什麼樣的降雨強度，又會引發哪些現象。

看了這個表，就能從氣象預報裡推測出雨的強度囉！

一天累積雨量	氣象預報用語	降雨狀況
80公釐以下	下雨	有「沙沙」的雨聲，路上有積水。
80公釐	大雨	可用「傾盆大雨」形容，就算撐傘也會被淋濕。
200公釐	豪雨	就像裝滿水的水桶倒在頭上一樣的強度，道路完全被水淹沒，就像條河。
350公釐	大豪雨	像瀑布一般的雨，雨傘根本不管用，雨大到看不見前方。很有可能發生河川倒灌。
500公釐以上	超大豪雨	雨大到讓人感到難以呼吸，充滿壓迫感。很有可能引發重大災害。

問題 **12**

有人掉進河裡了！該丟什麼去救人？

難度 ★★★

A　結實的木棍

B　空的寶特瓶

オレンジ 1.5ℓ

空的寶特瓶

抓住漂浮物，穩定情緒！

把能夠漂浮在水上的東西丟入河裡，是很重要的！

抓住漂浮物，就能順利呼吸，溺水的人也可以不那麼慌張，安穩等待救援。

最好是使用像游泳圈那種非常輕且空心的物品，可以輕易浮在水上，所以，像空的寶特瓶就是一個好選擇，在寶特瓶裡裝進一點點水，會更容易扔成功，只要有一個大的寶特瓶或是把好幾個小寶特瓶綁在一起，就足以讓一個大人浮在水面上！

書包也可以浮在水面上喔！

詳細解說！

想要憑自己的力量去救人是非常危險的！

即使附近找不到能漂浮的物品，也千萬不可以因為一時慌張就跳進河裡救人。跳進水裡後，可能會被溺水的人拖著一起往下沉。請大聲呼救，找大人來幫忙，如果有手機，就打給消防隊（119）或警察（110）。

39

解答
A．C．D

河川水質變混濁、聽見山鳴聲，或聞到腐植土臭味都要注意！

聽到異常聲音及聞到異常味道
都要提高警覺！

　　「土石流」指的是山及河川底下的土石（石頭、砂礫、泥土）因大雨沖刷而崩壞，瞬間流到山腳下。土石流，能夠把道路及住宅壓毀，絕對不能被捲入其中。

　　河川水質變混濁、聽見或聞到山及河川發出異常的聲音與氣味，都是土石流的前兆，一旦發現就要立刻到安全的場所避難。

善用感官觀察環境，就能察覺土石流！

如果選擇B

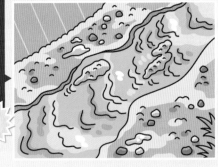

河川流量減少才是危險徵兆

　　雖然持續在下雨，但河川流量卻比平時還要少，這時，要小心可能會發生土石流。河川上游如果發生了坍方，坍塌的土石會阻擋水流，於是下游的水量就會變少。一旦被擋住的水流瞬間沖毀淤積的土石，就引發了土石流。

這些標示代表著什麼意義？

　　你有沒有看過以下這些標示呢？這些都是「避難逃生標示」，用來表示避難所的種類，以及遭遇哪一種災害時可以到避難所保護自己的生命安全。這些標示會出現在學校、公園、大型建築物的招牌、電線桿上面，大家可以在住家附近找找看。以下標示就代表著「這裡是避難場所」。

室外避難所
Evacuation area

室內避難所
Evacuation shelter

○ 洪水
Flood from rivers

○ 河川氾濫
Flood from inland waters

○ 漲潮
Storm surges

○ 海嘯
Tsunami

○ 山崩
Steep slope failure

○ 大規模火災
Fire disasters

●●市立體育館
Marumaru City Gymnasium

●●市
Marumaru City

有另一種「避難方向指示」是以箭頭來表示從所在地到避難場所的路徑。

標示當中的記號

「避難方向指示」上有許多不同的圖案，以下說明每種標示的意義。

室內避難所

像是學校或體育館等地，收容因地震等災害而無法流在住家的災民，提供住宿的場所。

室外避難所

像是公園或大型運動場等地，暫時讓民眾遠離災害危險的避難場所。

災害種類

洪水、河川氾濫

漲潮、海嘯

土石流

山崩、坍方

大規模火災

這些記號標示出遭遇哪一種災害時，可以到這些避難場所保護自己的生命安全。

河川上游的土石流沖來了！該往哪裡逃？

難度 ★★★

A 與土石流成直角的方向

B 跟土石流前進的方向一樣

土石流的前進速度跟汽車一樣快

　　土石流的石頭與泥沙以驚人速度往下沖，通常是沿著河川或山谷，夾帶著大石頭奔流而來，以時速40～50公里的速度，跟汽車差不多快。如果你跟土石流前進的方向一樣，絕對會被土石流捲走，所以最好是與土石流成直角的方向，也就是往左右兩側方向逃會比較好。

　　土石流會從上往下流，往高處逃也是一個很重要的原則。

盡量不要靠近
河川與山！

詳細解說！

透過災害風險圖了解
居住地區的資訊

　　在豪大雨期間，除了土石流，也要留意其他可能連帶發生的災害，像是山崩、坍方等等。如果想知道住家附近是否可能會遇到這類災害，可以確認當地政府機關官網公布的「災害風險圖」，請務必要了解一下喔！

打雷的時候，哪種行為很危險？

難度 ★★★

A 躲在樹下

B 身上帶著金屬製品

雷會打在較高的東西上！

　　雷的特性是會打在高處或是突出物，因此打雷時，如果你待在較高的樹木、電線桿附近，可能就會因觸電而喪命，非常危險。

　　所以，一旦開始打雷，請立刻遠離樹木及電線桿。

　　待在鋼筋水泥建築或車子裡面會比較安全，若附近有這些遮蔽物，請迅速逃到裡面吧！

待在電車裡面也很安全！

如果選擇 B

打雷時，不把眼鏡、皮帶等物品取下來也沒關係

　　大家都知道打雷是一種放電現象，因此有些人會認為「金屬容易導電，打雷的時候如果身上穿戴金屬製品會很危險」。不過，穿戴眼鏡、手錶、皮帶等的隨身物品，並不會導致容易遭到雷擊。

問題 16

打雷時，附近沒有建築物！
該怎麼保護自己呢？

難度 ★★★

A 趴在地上，掩蓋頭部

B 屁股離地，身體蹲低

屁股離地，身體蹲低

小心從地面傳來的電流！

在前面曾說明過，雷會落在較高的東西上，如果打雷時附近沒有避難場所，建議盡量把姿勢壓低，是避雷的重要原則。但是，千萬不能腹部著地趴在地上，因為電流會通過地面，可能會因電擊而受傷。接觸地面的面積越大，受傷程度也越嚴重，所以，蹲下的時候，要注意屁股不要著地，這樣比較安全。

這時候也不要撐傘喔！

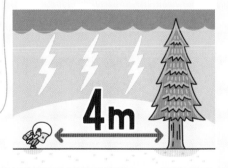

詳細解說！

與樹木及電線桿拉開 4 公尺以上的距離！

如果附近正在打雷，電流會通過地面，讓人因此觸電。所以，遠離容易被雷擊的數目及電線桿是很重要的，建議最好拉開 4 公尺的距離。有個簡單計算距離的方法，教室黑板的寬度大約是3.6公尺，以這個長度來衡量，記住是「比黑板寬度再長一點」的距離就可以了。

4m

問題 17

斷掉的電線垂落下來了，該怎麼辦？

難度 ★★★

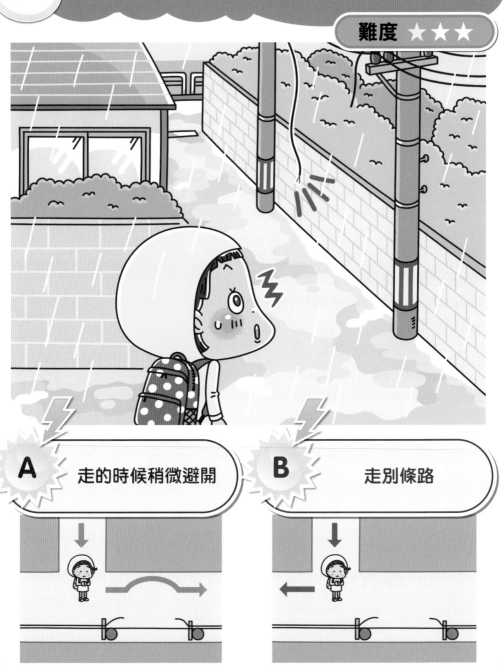

A 走的時候稍微避開

B 走別條路

走別條路

接近斷掉的電線非常危險！

電線桿上的電線在經歷颱強風的天氣時，可能會被風吹斷而垂落到離地面很近的位置，因為很少發生這樣的情況，所以有些人可能會感到好奇，但絕對不可以靠太近喔！

直接觸碰到電線是非常危險的行為，但其實只是靠近也有可能會觸電而受到嚴重的傷害，如果看到斷掉的電線，請盡可能避開，改走其他的路。

離開現場後，記得要把電線斷裂的地點告訴大人！

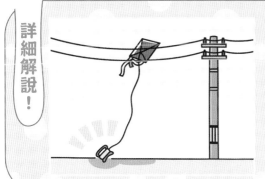

詳細解說！

卡在電線上的東西也會導電

在颱強風的天氣，容易導致許多東西被吹飛，結果卡在電線上。被卡在電線上的東西也會有電流通過，碰到的話可能會導致觸電，所以還是改走其他條路會比較安全。

路人說「避難所收容人數已經滿了」而往回走，你該怎麼做？

難度 ★ ★ ★

A 自己也折返回家

B 繼續往避難所方向走

到了避難所再思考下一步該怎麼辦

看到有人從避難所折返回家，一定忍不住會想：「我是不是也該回家比較好呢？」這種時候，請再次思考你前往避難的理由。是因為你認為住家充滿危險，避難所比較安全，所以才決定前往避難所。

因此，就算避難所的收容人數真的滿了，也還是先到避難所，等到了避難所，再向大人詢問是否能在這裡避難，或是應該要前往其他的避難所。

自己的生命，由自己保護！

如果選擇
A

コレ！

新聞

謹慎辨別資訊！

即使有人說「住家比較安全」，但每個人的住家環境不同，你又不能確定那個人的家跟你家的安全程度是相同的，而且不只是這種口耳相傳的風聲，網路上也充滿了許多真假難辨的資訊，為了守護自己的生命安全，請謹慎思考再行動！

嗚哇!!

終於到了!!

哇哇!!

你還好嗎？
快用毛巾擦乾！

濕答答…

太感謝您了！

爸爸、媽媽
沒事吧？

ザァァァァ

※嘩啦啦──

對了！我打電話到
「災害留言專線」
看看有沒有留言！

1991
撥打

我看到新聞
好擔心你們，
小鈴、老公，
你們沒事嗎？

我在高速公路休息區，
很安全！
小玲怎麼樣了？

爸媽都沒事……
真是太好了!!

涙流滿面…

擦擦

我在國小避難，
我很安全喔！

兩天後

一啊！

爸爸!!

小玲!!

妳很棒喔！竟然能
一個人來避難！

小玲真
了不起！

抱 緊!!

嘿嘿嘿

喂！喂！
媽媽？

你們兩個平安
無事真是太好了！
小玲妳還好嗎？

嗚哇哇— 嗚哇哇—

我很厲害的！
因為我已經是
姊姊了呀!!

哇—

太好了
小玲
真棒！

得意!!

哈哈哈

53

災害來臨前的準備事項

❶ 確定與家人的聯絡方式

避難時可能會與家人分散，請跟家人討論這種時候該如何取得聯繫。可以先決定好「打電話到災害留言專線報平安」、「打電話到親戚家報平安」等方式。

災害留言專線
1991

❷ 居家的大雨、強風對策

在下大雨、颳強風的颱風天，居家可以先做好那些準備？一起來看看以下這些重點。

停電對策

強風會把電線吹斷而導致停電。先確認家裡手電筒的位置以及數量。

停水對策

自來水可能會停水，準備一些緊急時刻的飲用水，像是寶特瓶裝的礦泉水。

容易被吹飛的東西

確認陽台及庭院是否有容易被強風吹飛的東西，事先固定好位置也是一大重點。

③ 確認避難場所

避難場所會因災害的種類與受災程度而不同，與家人一同確認「如果遇到這種災害，就去這個避難場所」。先決定從家到避難場所要走哪條路、在哪裡會合，都是很重要的事情喔。

④ 準備避難包

先準備好在避難所的必需品，緊急時刻就能拿了就走。建議把以下介紹的物品都放入避難包，放置在玄關大門附近。

水與食物

要定期替換新鮮的食物，別把東西放到過期。

急救箱

準備一些受傷時會用到的物品，像是繃帶、消毒藥品。

雨衣

在避難時，穿雨衣會比拿雨傘更方便，雙手可以活動。

安全帽

保護頭部不被餘震震落的物品砸傷。

手電筒

停電時用來照明。

收音機

能夠接收海嘯或餘震的明確資訊。

其他

保暖的「毛毯」、求救的「哨子」、搬運危險物品的「棉紗手套」、可以打公用電話的「零錢」，若是有「電池」與「手機充電器」就更完備。

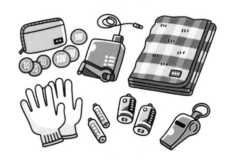

監修
木原實

日本氣象預報士暨防災士，1986年起在日本電視台的節目中擔任氣象預報主播，現在與氣象吉祥物
SORAJIRO一起在電視節目「news every.」當中播報氣象，2016年起擔任日本防災士會顧問。
著有《天氣的基礎知識》《寫給親子的防災料理書》等書，並且擔任許多氣象及防災相關書籍的監
修者。

童心園 189

【漫畫圖解】一問一答‧災害求生指南：水災來了怎麼辦？

どっちを選ぶ？クイズで学ぶ！自然災害サバイバル 2 水害

監　　　修	木原實
繪　　　者	大野直人
譯　　　者	林謹瓊
審　　　定	蔡宗翰
總 編 輯	何玉美
責 任 編 輯	施縈亞
封 面 設 計	劉昱均
內 頁 排 版	尚騰印刷事業有限公司
出 版 發 行	采實文化事業股份有限公司
行 銷 企 劃	陳佩宜‧黃于庭‧蔡雨庭‧陳豫萱‧黃安汝
業 務 發 行	張世明‧林踏欣‧林坤蓉‧王貞玉‧張惠屏
國 際 版 權	王俐雯‧林冠好
印 務 採 購	曾玉霞
會 計 行 政	王雅蕙‧李韶婉‧簡佩鈺
法 律 顧 問	第一國際法律事務所　余淑杏律師
電 子 信 箱	acme@acmebook.com.tw
采 實 官 網	www.acmebook.com.tw
采 實 臉 書	www.facebook.com/acmebook
I S B N	978-986-507-503-3
定　　　價	320 元
初 版 一 刷	2021 年 9 月
劃 撥 帳 號	50148859
劃 撥 戶 名	采實文化事業股份有限公司
	104台北市中山區南京東路二段95號9樓
	電話：(02)2511-9798
	傳真：(02)2571-3298

どっちを選ぶ？クイズで学ぶ！自然災害サバイバル 2 水害
DOTCHIOERABU? QUIZ DE MANABU! SHIZENSAIGAI SURVIVAL 2 SUIGAI
Supervised by Minoru Kihara
Illustrated by Naoto Ono
Copyright © Nihontosho Center Co.Ltd., 2020
All rights reserved.
Original Japanese edition published by Nihontosho Center Co.Ltd.
Traditional Chinese translation copyright © 2021 by ACME Publishing Co., Ltd.
This Traditional Chinese edition published by arrangement with Nihontosho Center
Co.Ltd., Tokyo, through HonnoKizuna, Inc., Tokyo, and Keio Cultural Enterprise Co., Ltd.

※本書所介紹的地震發生時的應對方式，僅為眾多方法之一，在緊急時刻，還是必須依當下狀況做出不同的判斷，
若本書能夠幫助讀者在緊急時刻做出判斷，那就太好了！

童心園

童心園